L∴ LES AMIS DE LA PARFAITE-UNION

(OR∴ DE PERPIGNAN)

COMPTE-RENDU

DE LA SÉANCE SOLENNELLE DU 5 AVRIL 1878 (E∴ V∴)

Centenaire de Voltaire

PERPIGNAN

Typographie de l'INDÉPENDANT, rue des Fabriques Naabot, 3.

—

1878

L∴ LES AMIS DE LA PARFAITE-UNION

(OR∴ DE PERPIGNAN)

COMPTE-RENDU

DE LA SÉANCE SOLENNELLE DU 5 AVRIL 1878 (E∴ V∴)

Centenaire de Voltaire

PERPIGNAN

Typographie de l'INDÉPENDANT, rue des Fabriques Naabot, 3.

1878

CENTENAIRE DE VOLTAIRE.

La R∴ L∴ *Les Amis de la Parfaite-Union* s'est réunie au lieu ordinaire de ses séances, le 5 avril 1878, pour célébrer le *centenaire maçonnique* de Voltaire.

La séance a été ouverte sous la présidence du f∴ Laffon Jean, vén∴, assisté des ff∴ Réallon Paul, 1er surv∴, et Rolland Antoine, 2e surv∴

La tribune est occupée par le f∴ Mercadier, orateur.

Le f∴ Pams, Jules, remplit les fonctions de secrétaire.

De nombreux frères occupent les colonnes du temple, au milieu duquel se dresse, sur un élégant piédestal, le buste de Voltaire. Divers symboles, des livres, un globe terrestre, des instruments de travail, des chaînes brisées, les muses de la poésie et de l'histoire, entourent le buste.

La séance, ayant été ouverte selon les formes du rituel, le vén∴ explique le but de la cérémonie en ces termes :

Mes Frères,

Il y a cent ans, presque à pareil jour, Voltaire recevait à Paris l'initiation maçonnique.

C'est ce centenaire que nous allons fêter aujourd'hui.

Notre fête a pour but non seulement de rappeler l'heureux événement qui donna à la franc-maçonnerie un homme d'un aussi grand cœur, et d'un esprit aussi vaste, aussi éminent; mais encore, je dirai presque mais surtout, de rendre hommage aux principes que Voltaire a défendus, a fait prévaloir, dont il a été l'apôtre infatigable.

Voltaire fut en quelque sorte comme le tirailleur de l'humanité. Par tous les moyens que le génie littéraire peut employer, par le théâtre, par l'histoire, par la philosophie, par la satire, par d'innombrables correspondances, il a fait la guerre aux passions odieuses du vieux monde barbare qui cherchent à se perpétuer dans le monde nouveau.

Il combat sans merci la superstition. Il en montre tout le ridicule, et dénonce avec une verve inépuisable toutes les absurdités perpétuées par la tradition et fondées sur la crédulité des hommes.

Il s'élève avec une force sans pareille contre l'intolérance. A lui seul, tant sa force de propagande est immense, tant son ardeur est grande, tant son génie est subtil, il séduit ou fait reculer toutes les puissances de son temps. Il n'a pour arme que sa plume, et il fait réhabiliter Calas, il fait réhabiliter Sirven, il fait réhabiliter Lally, il fait réhabiliter La Barre.

Il portait en son cœur l'amour de l'humanité comme une passion dont nous avons peine même à concevoir l'ardeur. Cette passion était vive à ce point que tous les ans, le 24 août, pour l'anniversaire de la Saint-Barthélemy, il avait la fièvre.

Un tel homme qui a eu une telle influence sur ses contemporains, et dont la vie entière a été une lutte doit avoir suscité contre lui des haines profondes.

C'est l'honneur des grands hommes de soulever ainsi à travers les âges les mêmes passions, de provoquer les mêmes violents débats avec lesquels ils se sont trouvés aux prises pendant leur vie.

Parmi nos gloires nationales, il n'en est aucune de plus haute que celle de Voltaire, mais il n'en est aucune aussi que les ennemis du progrès et de la civilisation cherchent à mettre plus bas.

C'est que si Voltaire a rendu la superstition ridicule, il ne l'a pas tuée ; s'il a rendu l'intolérance odieuse, il ne l'a pas supprimée.

Il y a encore des hommes qui voudraient couvrir l'humanité d'ombres et de ténèbres, qui voudraient la replonger dans l'ignorance, vivre de sa crédulité instinctive, la gouverner par la terreur.

Ces hommes, nous devons les combattre sans trêve, ni merci. Ce sont nos ennemis, ce sont les ennemis de l'humanité, ce sont les ennemis de la paix publique.

Dans cette lutte nécessaire pour ouvrir la voie dans laquelle nous marchons péniblement, nous avançons pas à pas, mais au bout de laquelle nous devons trouver comme la plus haute des récompenses, le progrès, la science, la lumière, Voltaire est notre meilleur soutien.

C'est lui qui nous montre comment on lutte contre les puissances du passé, c'est lui qui nous fournit nos armes les mieux trempées.

Voilà pourquoi aujourd'hui nous célébrons son centenaire.

C'est en même temps que la fête de la reconnaissance pour les services rendus par un grand homme, la fête de l'affirmation des principes par lesquels et pour lesquels vit et rayonne la franc-maçonnerie.

*
* *

Après avoir ainsi indiqué le but de cette séance solennelle, le vén.·. donne successivement la parole aux ff.·. Delcros Élie, Pams Jules, et Albert Dudevès, qui célèbrent Voltaire philosophe, historien, poète.

DISCOURS DU F∴ DELCROS ÉLIE.

Voltaire philosophe.

Mes Frères,

En 1726, à l'âge de trente-deux ans, Voltaire était expulsé de France et conduit en Angleterre. Quand il revint, il avait vu de près ce que c'est qu'un peuple libre. Il avait goûté les bienfaits de la liberté politique et s'était initié au mouvement philosophique dont l'Angleterre était alors le centre.

De cet exil il rapporta les *Lettres Philosophiques* ou *Lettres Anglaises*, monument impérissable par lequel il voulait faire connaître aux Français les mœurs politiques, religieuses et commerciales des Anglais et répandre les idées philosophiques qu'il avait puisées dans les écrits de Locke et de Newton.

Le Gouvernement d'alors n'était pas tendre pour les nouveautés philosophiques, politiques ou sociales et les *Lettres Anglaises* furent, dès leur apparition, brûlées par la main du bourreau. Et telle était la hardiesse de ces lettres, telle était la vigueur avec laquelle Voltaire exaltait les mérites de la Constitution Anglaise, l'enthousiasme et, si j'osais le dire, l'esprit démocratique avec lequel il mettait en relief les mœurs politiques de cette nation voisine de la France que jamais avant 1789 il ne se trouva un éditeur assez osé pour les réimprimer même clandestinement.

Mais brûler n'est pas répondre.

L'ancien régime a disparu, lui qui était si fort, et tout ce qui avait été brûlé par ordre des Rois, de la Sorbonne et des Parlements, toutes ces œuvres du xviiie siècle où nous aimons à rechercher nos origines et les principes sur lesquels reposent nos institutions, toutes ces œuvres, dis-je, ont survécu en dépit de toutes les condamnations montrant ainsi qu'il n'est pouvoir si fort qui puisse obscurcir la Vérité, arrêter la Science et enchaîner la Raison.

A partir de ce moment Voltaire eut deux buts : répandre l'esprit philosophique ; se mettre à l'abri des obstacles qui pouvaient gêner sa propagande.

Et dès lors, tantôt à Cirey chez Mme du Châtelet, tantôt à Postdam chez le Roi de Prusse, mais surtout à Ferney Voltaire mène la grande campagne politique.

Vous ne vous attendez pas, je pense, à ce que je vous expose le système philosophique de Voltaire ; d'ailleurs à vrai dire Voltaire n'en a pas. Sans doute il avait gardé de son séjour en Angleterre un vif attrait pour la philosophie de Locke, mais il n'eut jamais un système réellement arrêté sauf en ce qui touche l'existence d'un Être suprême, existence à laquelle il croyait par goût et par tempérament, parfois par des raisons de nécessité sociale, mais rarement par des raisons d'ordre purement métaphysique. Voltaire représente à cet égard le dernier terme de l'esprit métaphysique, terme fatal et nécessaire qui sert de transition entre la philosophie théologique et la philosophie positive.

La philosophie théologique était encore toute puissante et c'est pour avoir osé faire entendre le langage philosophique des Locke et des Newton, que les *lettres anglaises* avaient été brûlées.

Dès lors l'office social de Voltaire est celui-ci : ruiner l'esprit théologique ; débarrasser l'esprit humain de ses préjugés et donner à la Raison la souveraineté qui doit lui appartenir en toutes choses.

Et il attaque les Livres saints et avec quelles armes !

Monsieur Thiers disait un jour à la tribune du Corps législatif que « Voltaire c'était le bon sens français exprimé dans « un admirable langage » ; ce n'est pas tout, c'est aussi le rire français, et lorsque Voltaire écrit à d'Alembert : « j'ai depuis « six mois une envie de rire qui ne me quitte pas », la vieille théologie peut s'apprêter à trembler sur sa base ; elle peut s'attendre à recevoir une choc terrible, car le rire de Voltaire est communicatif et gagne tout le monde, même ceux qui pleureront un jour d'avoir trop ri.

Pour ruiner l'esprit théologique, Voltaire porte les efforts de sa critique sur les origines du christianisme; il examine la *Bible* et les *Évangiles*; il montre avec un bon sens inflexible et une verve impitoyable les contradictions, les erreurs, les impossibilités matérielles et morales contenues dans ces livres qu'on voudrait faire croire écrits de la main d'un Dieu. Il ruine par le simple bon sens et la raison, la divinité du Christ, les miracles et tout ce qui constitue l'essence du christianisme.

Ah! sans doute, notre siècle peut se vanter de son érudition et de la sûreté de sa critique, mais il faut l'avouer, Voltaire avait déjà dit à peu près tout ce qui a été écrit de nos jours sur ces matières. Et lorsque M. Renan parlant de l'œuvre de Voltaire a dit : « à cette polémique dont je suis loin de contester la nécessité mais qui n'est ni dans mes goûts, ni dans mes habitudes, Voltaire suffit, » il n'a pas assez dit et son aveu ne suffit pas. Oui, la science historique a fait de grands progrès et de grandes découvertes, elle a étendu le champ de ses investigations, mais on doit admirer que Voltaire avec ces moyens d'action plus restreints que ceux que nous possédons ait mené aussi loin la lutte contre l'esprit théologique.

Cette lutte Voltaire la poursuivit sous toutes les formes : romans, vers, traités philosophiques, brochures, feuilles volantes, contes. Et attaquant les religions, ce n'est pas leurs abus mais leur essence qu'il ruine.

C'est lui qui dit : « Je suis las de leur entendre répéter que douze hommes ont suffi pour établir le christianisme et je veux leur prouver qu'il n'en faut qu'un pour le détruire, » et au président Hénault lui disant : « Vous ne parviendrez jamais à détruire la religion chrétienne, » il répond : « C'est ce que nous verrons. »

Lorsque paraît l'Encyclopédie Voltaire est un des premiers sur la brèche, de même qu'il restera un des derniers.

L'Encyclopédie ! on ne saurait prononcer ce mot, ni parler

de cette œuvre immense sans envoyer une pensée de reconnaissance à celui qui en fut l'âme, au philosophe qui avait voué sa vie à son achèvement, à Diderot ; mais ce devoir une fois accompli, il importe de reconnaître la part que Voltaire prit à cette entreprise et la façon dont il seconda les efforts et rechauffa le zèle des Encyclopédistes.

Surtout à partir de l'année 1760 où la campagne philosophique est menée plus activement, l'influence de Voltaire est immense. C'est au cri de : *Ecrasons l'Infâme* qu'il rallie ses collaborateurs, qu'il les soutient lorsque les déboires et les persécutions les rebutent et quand les dangers les environnent il leur offre à Ferney un asile que le despotisme devra respecter.

Mais aussi, à la fin de sa carrière, rentrant à Paris, quel accueil ! et quelle récompense ! Le peuple de Paris se presse sur son passage : l'Académie Française se porte au-devant de lui ; et au milieu de ce triomphe, le Gouvernement n'ose bouger. Ce jour-là, l'opinion publique entre en possession d'elle-même et le Gouvernement de la France n'est plus aux mains de Louis XVI, il est aux mains de ce vieillard déjà glacé par les premières atteintes de la mort. La Révolution est faite.

Une Révolution comme celle de 1789 qui change les institutions et bouleverse les traditions d'un peuple n'est pas un accident fortuit. Il faut que les principes qu'elle cherche à faire prévaloir aient d'abord été prêchés en théorie, qu'ils se soient, pour ainsi dire, imposés à l'opinion publique et que le mouvement populaire serve, non à les faire triompher, mais à permettre leur application.

Pour renverser une Monarchie vieille de dix siècles il fallait tout d'abord ruiner les institutions sur lesquelles elle s'appuyait, ruiner les principes sur lesquels elle reposait et c'est ce que fit Voltaire.

DISCOURS DU F∴ PAMS JULES.

Voltaire historien.

Mes Frères,

Aucune science n'a pour objet des faits aussi complexes, aussi divers, aussi mobiles que l'histoire humaine.

Pendant longtemps les historiens ont cru qu'il suffisait, pour mériter ce titre, de raconter les événements d'une nation particulière et de perpétuer, à l'aide d'un style magnifique, le souvenir des personnages considérables. C'est ainsi que les historiens de la Grèce et de Rome ont conquis l'admiration des siècles et cependant aucun d'eux n'a cherché à remonter, dans l'enchaînement des causes, au-delà des motifs particuliers des acteurs engagés, ou de l'influence directe de certaines institutions sociales.

Aucun d'eux n'a senti que l'histoire embrasse ce tout complexe comprenant à la fois les sciences, les arts, les croyances, les lois, les coutumes, la morale de l'homme dans l'état social ; que chaque période d'évolution est le produit d'une époque antérieure, et a pour rôle de préparer l'époque future.

Jusqu'au dix-huitième siècle, aucun historien n'avait entrepris de coordonner et de compulser les documents provenant de tous les coins du monde et de tirer de leur comparaison la découverte des lois qui régissent l'activité humaine.

Celui-là donc est digne de l'admiration de tous qui, au milieu de l'amas immense de matériaux qu'avaient laissé derrière elles les générations disparues, au milieu d'un énorme chaos de faits merveilleux et surnaturels, a su rassembler et ordonner les faits vrais, combler les intervalles et les lacunes existant entre les histoires particulières, et ramener ainsi toutes les histoires à l'unité ; qui, introduisant pour la première fois dans l'histoire la véritable critique, comprenant tous les siècles et toutes les nations, s'est montré méthodiquement aux prises avec l'histoire de l'humanité toute entière.

Cet homme, c'est Voltaire.

Après avoir fait paraître l'*Histoire de Charles XII*, qui est un brillant modèle d'histoire descriptive et un chef-d'œuvre de narration, de mouvement et de coloris, le *Siècle de Louis XIV*, qui est une tentative remarquable pour exprimer le caractère d'un siècle tout entier, le *Précis sur l'histoire de Louis XV*, l'*histoire de Russie*, les *Annales de l'Empire* et une longue série d'ouvrages historiques qui auraient suffi à le classer parmi les historiens célèbres, Voltaire écrivit enfin cet admirable *Essai sur les Mœurs*, qui devait le placer bien au-dessus de tous et déterminer dans l'étude de l'histoire une révolution profonde.

Avant lui, Bossuet, dans son *Discours sur l'histoire universelle*, avait déjà considéré la série des événements et des siècles comme étant le résultat d'un enchaînement rationnel, mais il avait cherché le principe de cet enchaînement dans les desseins de l'intelligence divine.

Voltaire comprit qu'à un ouvrage aussi considérable, il fallait une éclatante réfutation, et il fit paraître l'*Essai sur les Mœurs*, qui, sous le prétexte de continuer l'œuvre de Bossuet, détruisit jusque dans leurs fondements les doctrines dont cet ouvrage était la manifestation.

C'est par la comparaison de ces deux hommes, si haut placés tous deux dans la sphère historique, que j'espère parvenir à montrer la supériorité incontestable de celui dont nous célébrons aujourd'hui le centenaire.

Quelle était la pensée dominante de Bossuet? Quel était son but? Quels furent le but et la pensée dominante de Voltaire?

La pensée dominante de Bossuet, c'est que la main de Dieu entraîne et conduit l'humanité toute entière vers la religion du Christ et que l'Histoire est le produit d'une action divine, qui, à travers tous les âges, poursuit son but au moyen d'un peuple choisi et d'instruments élus. Bossuet subordonne tout à l'Église, ramène tout au peuple Juif, à Rome et à la France; il ne tient aucun compte de plusieurs nations importantes et quant à celles qu'il daigne mentionner, il ne donne sur les plus grandes d'entr'elles que des aperçus très incomplets et très superficiels. En un mot Bossuet confisque l'humanité toute entière au profit de la religion dont il fut un des plus illustres représentants.

D'après ces données, son but est bien facile à définir. Bossuet, prêtre et homme d'État, précepteur du Dauphin de France, s'était donné la mission de fournir à son royal élève des armes pour gouverner ses semblables. Il ne cherchait pas à faire connaître le résultat philosophique de l'expérience de tous les siècles et de toutes les nations. Il cherchait seulement à faire des hommes les instruments aveugles de l'ambition de ceux dont il voulait à tout prix maintenir la puissance. Il continuait ainsi la funeste tradition des théologiens de son école qui avaient trouvé ce qui manquait à Archimède; car ils avaient inventé le ciel et l'enfer qui leur servaient de points d'appui pour soulever et gouverner la terre.

Voltaire eut la gloire d'ébranler ce point d'appui, de culbuter toutes les doctrines de son illustre prédécesseur, et de saper jusque dans leurs racines les superstitions qui dominaient le monde. Tandis que Bossuet descend de la Providence à l'Histoire, Voltaire s'élève de l'Histoire à la connaissance des lois immuables qui dirigent la Société. Bossuet part du dogme; Voltaire s'appuie sur l'observation, et détachant définitivement l'Histoire de la Théologie, il en fait une science. Celui qu'à tant de titres on a pu appeler le grand démolisseur, a senti qu'il fallait détacher de l'Histoire, par une sage critique, la masse des faits amoncelés par la tradition et la légende; ces faits révélés et miraculeux qui avaient reçu droit de cité dans l'Histoire, étaient autant de nuages qui obscurcissaient la vérité. Voltaire les anéantit, lève les voiles et pour la première fois découvre aux yeux de l'homme l'humanité.

Voltaire a pris soin de définir lui-même la pensée dominante de l'*Essai sur les mœurs*. « Jusqu'ici, dit-il, dans son avant-

« propos, *les Historiens, semblables aux Rois dont ils parlent,*
« *sacrifient le genre humain à un seul homme...... n'y a-t-il*
« *donc sur la terre que des Princes, et faut-il traiter les autres*
« *hommes comme s'ils n'existaient pas ?* »

Partant de cette idée, Voltaire a donné droit de vie à toutes
les nations et à tous les peuples. Ne considérant les grands
hommes que comme les exécuteurs et les propagateurs des
idées dominantes de leur époque, il a passé rapidement sur
cette longue suite de rois dont les noms ne servent qu'à
encombrer la mémoire et il s'est attaché à faire connaître les
grandes actions des souverains qui ont rendu leurs peuples
meilleurs ou plus heureux. Tenant un compte rigoureux des
coutumes et des mœurs, rendant leur vraie place dans l'histoire
aux esprits d'élite qui se sont illustrés par les arts, les sciences et les lettres, démontrant que les grands faits historiques
ne sont que la contre-épreuve des méditations de ces esprits
d'élite, il a vu dans l'histoire, non pas seulement une série de
faits, mais un ensemble de doctrines, une suite de pensées.
C'est pourquoi l'*Essai sur les Mœurs* n'est pas seulement un
ouvrage de critique historique, mais aussi et surtout une
étude des enseignements que l'humanité doit tirer de l'histoire.

Il est à remarquer, mes ff.·., que cette théorie qui fait des
grands hommes les exécuteurs, les propagateurs des idées de
leur temps, trouve dans Voltaire même une de ses plus bril-
lantes démonstrations.

Qui, plus que lui, en effet, a résumé les caractères et les
tendances de son siècle ? Il en a été la personnification la plus
complète, l'expression la plus lumineuse ; et de même que
Louis XIV a dit : « L'Etat, c'est moi », Voltaire aurait pu dire
« Le XVIIIe siècle, c'est moi ».

Et cependant il serait injuste de lui attribuer tout le mérite
des progrès dont il nous a transmis le bénéfice. Il serait injuste
d'oublier qu'à côté de lui travaillaient des esprits éminents et
pour ne parler que de la partie historique qui nous occupe,
il y aurait ingratitude à passer sous silence les noms de ses
deux illustres collaborateurs, Turgot et Montesquieu. On peut

même dire que son siècle tout entier a contribué avec lui à la transformation du monde moderne et à l'essor de la pensée humaine.

Mais il eut l'honneur d'être le grand vulgarisateur de ce siècle de vulgarisation. Aidé d'une imagination et d'un bon sens incomparables, servi par une méthode rigoureuse, il a pu résumer tous les progrès obtenus jusqu'à lui, il a pu concentrer toutes les forces produites par sa génération et les générations précédentes. Exprimant et développant ces progrès dans un langage admirable, il en a fait pénétrer la substance dans la masse de ses contemporains et a répandu sur les générations suivantes des flots de lumière, de tolérance et de liberté.

Nous sommes tous les enfants de Voltaire. Soyons fiers de cette filiation. Et si du haut des sommets où nous ont transportés les admirables conceptions de ce génie, nous entendons des paroles de haine ou des calomnies, jetons un regard de dédain et de pitié sur ceux qui, par ambition et par intérêt, osent renier l'héritage grandiose, que cet homme merveilleux a transmis à l'humanité toute entière.

DISCOURS DU F∴ ALBERT DUDEVÈS.

Voltaire poète.

Mes Frères,

Un homme universel, le plus grand des écrivains allemands, Gœthe, revint d'un voyage en France ébloui et comme écrasé par l'immense réputation de celui qu'on a si bien surnommé le roi-Voltaire. Voltaire, en effet, avait mérité le premier rang dans presque tous les genres, tant en vers qu'en prose, et ses contemporains trouvaient en lui, comme Gœthe, le poète égal au prosateur. Bien des critiques crurent de bonne foi qu'il avait dépassé Corneille et Racine dans la tragédie et qu'il avait enfin doté la France d'un poème épique. Le XIXe siècle n'a point tout à fait ratifié ces jugements, et cela tient à des causes qu'il serait trop long d'énumérer. Trop souvent même il s'est montré d'une indifférence dédaigneuse à l'égard de Voltaire poète. Voyons, par un examen rapide de ses œuvres poétiques, s'il n'est pas possible d'expliquer et de justifier l'admiration qu'elles excitèrent pendant tout un siècle.

Pour Voltaire, la poésie est à la fois un but et un moyen : un but, parce qu'il aime le beau et parce que la gloire récompense celui qui a revêtu le beau d'une forme satisfaisante et personnelle ; un moyen, parce qu'elle lui acquiert l'influence nécessaire pour faire passer les grandes vérités dont il s'est fait l'infatigable champion. La poésie dramatique, particulièrement, assure son empire sur les femmes, et par les femmes il sera protégé contre les sévérités des ministres et du Parlement. Aussi est-il poète toute sa vie ; dès le collége, en Angleterre, à Cirey, chez le roi de Prusse, à Ferney. Sa facilité prodigieuse s'exerce sur tous les genres, de sorte qu'un des caractères qui distinguent Voltaire poète, c'est l'universalité. Sans égal dans la poésie légère, la satire, l'épître, le conte en vers, le poème latin; faible dans la poésie lyrique et dans la comédie, au premier rang comme poète héroïque, il se place, comme poète tragique, à côté de Corneille et de Racine.

Voltaire, cet enfant gâté des salons, devait naturellement une partie de ses triomphes mondains à la poésie légère. Stances, épigrammes, impromptus, toutes ces productions de sa muse en négligé ou court-vêtue, sont d'une aisance, d'une finesse, et d'une grâce incomparables. Voltaire semble être là dans son élément. Il répand sur tous ces riens un charme dont il a dérobé le secret à Horace. Parfois aussi, il donne à ces peintures d'un coloris si frais une teinte de mélancolie et de sentiment qui ne laisse pas de surprendre un peu chez ce grand rieur. Parmi tant de bijoux que je pourrais faire briller à vos yeux, je choisirai une seule perle, et vous serez peut-être d'avis avec moi qu'elle est de la plus belle eau :

A MADAME DU CHATELET.

Si vous voulez que j'aime encore
Rendez-moi l'âge des amours;
Au crépuscule de mes jours
Rejoignez, s'il se peut, l'aurore.

Des beaux lieux où le dieu du vin
Avec l'Amour tient son empire,
Le Temps, qui me prend par la main,
M'avertit que je me retire.

De son inflexible rigueur
Tirons au moins quelque avantage
Qui n'a pas l'esprit de son âge
De son âge a tout le malheur.

Laissons à la belle jeunesse
Ses folâtres emportements :
Nous ne vivons que deux moments
Qu'il en soit un pour la sagesse.

Quoi! pour toujours vous me fuyez,
Tendresse, illusion, folie,
Dons du Ciel qui me consoliez
Des amertumes de la vie!

On meurt deux fois, je le vois bien :
Cesser d'aimer et d'être aimable,
C'est une mort insupportable;
Cesser de vivre, ce n'est rien.

Ainsi je déplorais la perte
Des erreurs de mes premiers ans;
Et mon âme, aux désirs ouverte,
Regrettait ses égarements.

Du Ciel alors daignant descendre
L'Amitié vint à mon secours;
Elle était peut-être aussi tendre,
Mais moins vive que les Amours.

Touché de sa beauté nouvelle,
Et de sa lumière éclairé,
Je la suivis; mais je pleurai
De ne pouvoir plus suivre qu'elle.

La satire de Voltaire est presque toute personnelle. Il fronde moins les vices et les travers généraux de l'humanité qu'il n'attaque en particulier les ennemis que son mérite lui a valus. Les J.-B. Rousseau, les Desfontaines, les Fréron, tous ces roquets littéraires qui aboyaient autour du grand homme, ont senti les rudes atteintes du lion poussé à bout. Dans ces représailles légitimes, comme partout, Voltaire a de l'esprit jusqu'au bout des ongles, j'allais dire jusqu'au bout des griffes. Par la plaisanterie mordante et l'ironie fine, il surpasse de beaucoup Boileau; par la véhémence de ses accents indignés, il rappelle quelquefois Juvénal.

Tour à tour coquet et sémillant dans l'épître familière, grave dans l'épître morale, il devient noble, presque sublime, lorsqu'il retrace, d'un pinceau magistral, les découvertes de Newton, lorsqu'il dévoile les profonds secrets de la science. Qui a mis dans ces démonstrations en vers plus de clarté et d'intérêt, plus d'ampleur, d'éclat et d'exactitude ? Voltaire a vraiment créé en France ce genre de poésie que j'appellerai scientifique.

Le poème badin et le conte en vers ont, sous sa plume, moins de naïveté piquante mais plus de vivacité spirituelle que sous celle de Lafontaine. *La Pucelle*, un des plus connus, est un chef-d'œuvre de style et de malice, que le XVIIIᵉ siècle goûta fort. Tout en rendant justice à la perfection de la forme, on ne peut s'empêcher de regretter, sur le fond, que Voltaire ait voulu devenir l'Arioste français aux dépens d'une de nos gloires les plus pures, aux dépens de Jeanne d'Arc, cette personnification touchante du patriotisme populaire.

Dans la poésie lyrique d'un ordre supérieur, dans celle qui, selon Boileau,

> Élevant jusqu'au ciel son vol ambitieux
> Entretient dans ses vers commerce avec les dieux,

Voltaire manque de souffle. C'est qu'il était trop de son temps pour connaître et goûter les aspirations vers l'infini, incompatibles avec la philosophie régnante, le sensualisme. L'âme du poète lyrique a d'ailleurs besoin de solitude. C'est dans le silence des bois, des déserts, sur les ruines des cités et des empires tombés qu'elle se nourrit de rêveries sublimes. Or les poètes du XVIIIᵉ siècle se mêlaient de près à la société et faisaient l'ornement des salons à la mode. Voltaire borna donc son ambition à l'ode gracieuse où il se montra souvent l'émule heureux d'Horace et d'Anacréon.

Il n'écrivit à peu près que des comédies de société, non destinées à affronter les feux de la rampe. *Nanine* n'est qu'une agréable bluette, et l'*Enfant prodigue* une comédie larmoyante pleine d'intérêt. Malgré tout son génie, Voltaire n'a point fait revivre en de nouveaux chefs d'œuvre la comédie de caractères et la comédie de mœurs de Molière. Il lui manquait l'étonnante puissance d'observation de ce dernier, et son esprit trop personnel ne savait pas s'effacer derrière les personnages de la comédie, plus réels, plus près de nous que les héros tragiques, et qu'il est plus difficile de faire vivre sur la scène.

Nous voici arrivés à *La Henriade*, que les contemporains de Voltaire regardaient comme son plus beau titre de gloire. Les opinions sont bien changées. On affecte trop aujourd'hui de la mépriser et d'en faire un poème ennuyeux, capable de guérir une insomnie rebelle.

La pompe soutenue de l'alexandrin ne laisse pas, en effet, de paraître monotone à qui veut lire *La Henriade* d'un bout à l'autre. Mais goûtez-là par morceaux et vous y trouverez de charmantes descriptions, des portraits vigoureux, des tirades qui transportent. Pourvu que les beautés dont elle est semée vous plaisent, appelez-la poème épique ou poème héroïque, peu importe. Ce dernier nom, il est vrai, lui convient mieux que l'autre ; et Voltaire, loin d'être l'Homère ou le Virgile de la France, doit se contenter d'en être le Lucain.

L'épopée véritable, qui est l'histoire en vers des époques primitives, ne pouvait naitre en un siècle de civilisation raffinée, où la foi était morte, où le merveilleux aurait fait sourire. Aussi Voltaire s'est rejeté sur l'allégorie qui est toujours froide. Au reste, son principal personnage, Henri IV, ce roi sceptique et bon vivant, était peu fait pour devenir un héros de poème épique. Est-ce à dire que la Henriade ne renferme que quelques beaux vers, impuissants à sauver de l'oubli le poème entier ? N'y a-t-il pas une source d'inspiration intérieure qui vivifie les chants du poète ?

Cette source d'inspiration existe en effet. La haine du fanatisme et l'amour de la tolérance font courir dans la Henriade comme un souffle ardent qui anime, soutient le poète et lui inspire ses plus fiers accents. Ecoutez, mes frères, cet écho de la grande voix de Lucrèce, de ce poète latin qui, avant le nôtre, se fit l'interprète éloquent de la nature, et sapa toutes les superstitions.

C'est le portrait du fanatisme tiré du cinquième chant:

PORTRAIT DU FANATISME.

La Discorde attentive, en traversant les airs,
Entend ces cris affreux, et les porte aux enfers.

Elle amène à l'instant, de ces royaumes sombres,
Le plus cruel tyran de l'empire des ombres.
Il vient; le Fanatisme est son horrible nom :
Enfant dénaturé de la Religion,
Armé pour la défendre, il cherche à la détruire,
Et, reçu dans son sein, l'embrasse, et la déchire

C'est lui qui dans Raba, sur les bords de l'Arnon,
Guidait les descendants du malheureux Ammon,
Quand à Moloch, leur dieu, des mères gémissantes
Offraient de leurs enfants les entrailles fumantes,
Il dicta de Jephté le serment inhumain ;
Dans le cœur de sa fille il conduisit sa main.
C'est lui qui, de Calchas ouvrant la bouche impie,
Demanda par sa voix la mort d'Iphigénie.
France, dans tes forêts il habita longtemps :
A l'affreux Teutatès il offrit ton encens.
Tu n'as point oublié ces sacrés homicides
Qu'à tes indignes dieux présentaient tes druides.
Du haut du Capitole il criait aux païens :
« Frappez, exterminez, déchirez les chrétiens. »
Mais lorsqu'au fils de Dieu Rome enfin fut soumise,
Du Capitole en cendre il passa dans l'Église ;
Et, dans les cœurs chrétiens inspirant ses fureurs,
De martyrs qu'ils étaient, les fit persécuteurs.
Dans Londres il a formé la secte turbulente
Qui sur un roi trop faible a mis sa main sanglante.
Dans Madrid, dans Lisbonne, il allume ces feux,
Ces bûchers solennels, où des Juifs malheureux
Sont tous les ans en pompe envoyés par des prêtres,
Pour n'avoir point quitté la foi de leurs ancêtres.

Enfin il nous reste à dire un mot des tragédies de Voltaire.
Notre poète leur dut ses succès les plus retentissants. Sans
parler des innovations matérielles qu'il introduisit au Théâtre,
réforme des costumes, adoption du changement de décors,
scène débarrassée des spectateurs qui l'encombraient, Voltaire eut l'honneur de varier le choix de ses sujets plus que
ses illustres devanciers et de les emprunter moins souvent à
l'antiquité classique. Il évita en outre la galanterie fade des

héros de Racine et fit à plusieurs reprises ce que ce dernier n'avait tenté qu'une fois, une tragédie sans amour profane. De plus il n'a pas seulement esquissé, mais peint de véritables caractères. Il a fait agir sur la scène des personnages qui ont une physionomie frappante et non étalé aux yeux ces pâles portraits et ces copies incolores qui forment la galerie banale des Lamothe ou des Campistron. Zaïre, Mérope, Alzire et bien d'autres, voilà tout autant de figures énergiques ou touchantes dont le temps n'a pu effacer, ni même voiler la beauté. Qu'un grand acteur, qu'une grande actrice viennent encore, par leur jeu pathétique, rendre la vie à ces productions du génie, et l'on pleure et l'on frémit toujours aux accents émouvants du poète.

On lui reproche des vers prosaïques, des coups de théâtre maladroits et surtout les tirades philosophiques de ses personnages. Je n'essaierai pas de soutenir que ses vers sont toujours bien frappés et que la conduite de ses pièces est absolument irréprochable. Pour le dernier reproche, celui qui concerne les tirades philosophiques, il ne s'applique pas à toutes ses pièces, entr'autres à l'une des plus belles, *Mérope*. Mais faire un crime à Voltaire des sentences philosophiques qu'il met dans la bouche d'un Brutus ou d'un Mahomet, c'est d'abord ne pas voir qu'elles sont conformes au caractère de ces personnages, ensuite c'est vouloir que Voltaire cesse d'être lui-même. En effet, Voltaire a visé peut-être moins que tout autre grand poète à la beauté calme des Grecs et à l'expression du beau absolu, considéré en dehors de tout enseignement utile. Dans presque toutes ses œuvres poétiques aussi bien que dans tous ses ouvrages en prose il ne perd pas de vue le but généreux qu'il s'est assigné. Sa poésie (pour employer un terme trop fameux que je crois purifier en l'appliquant à Voltaire), sa poésie est une poésie de combat, combat des lumières contre l'ignorance, de la raison contre les préjugés, de la tolérance contre le fanatisme, du droit contre l'arbitraire, de la liberté contre la tyrannie. C'est cette lutte acharnée qui fait à la fois et l'unité et la grandeur de Voltaire poète, comme de Voltaire prosateur. Il s'est rendu lui-même justice, sans fausse honte et avec un orgueil bien légitime, dans un passage de son épître à Boileau. Il s'y décerne les louanges que mérite l'action bienfaisante exercée par lui sur les idées de son siècle, action dont les résultats vivent encore et sont impérissables :

A BOILEAU OU MON TESTAMEMT.

Non, ma Muse m'appelle à de plus hauts emplois.
A chanter la vertu j'ai consacré ma voix.
Vainqueur des préjugés que l'imbécile encense,
J'ose aux persécuteurs prêcher la tolérance ;
Je dis au riche avare : « Assiste l'indigent ; »
Au ministre des lois : « Protège l'innocent ; »
Au docteur tonsuré : « Sois humble et charitable,
« Et garde-toi surtout de damner ton semblable. »
Malgré soixante hivers, escortés de seize ans,
Je fais au monde encore entendre mes accents.
Du fond de mes déserts, aux malheureux propice,
Pour Sirven opprimé je demande justice :
Je l'obtiendrai sans doute ; et cette même main,
Qui ranima la veuve et vengea l'orphelin,
Soutiendra jusqu'au bout la famille éplorée
Qu'un vil juge a proscrite, et non déshonorée.
Ainsi je fais trembler, dans mes derniers moments,
Et les pédants jaloux, et les petits tyrans.
J'ose agir sans rien craindre, ainsi que j'ose écrire.
Je fais le bien que j'aime, et voilà ma satire.
Je vous ai confondus, vils calomniateurs,
Détestables cagots, infâmes délateurs.
Je vais mourir content. Le siècle qui doit naître
De vos traits empestés me vengera peut-être.

En effet, mes frères, le siècle présent a vengé Voltaire des injures dont on l'accabla. Il le venge des injures dont on l'accable encore en préparant la célébration pompeuse de son centenaire. Nous avons bien fait d'unir notre voix à la grande voix de la France et de l'Europe qui acclament Voltaire. N'oublions jamais qu'il ne nous a pas seulement procuré les jouissances du beau, mais aussi les bienfaits de la vérité et de la liberté. N'oublions jamais que si nous avons pu nous réunir dans cette enceinte pacifique pour fêter Voltaire, c'est à Voltaire que nous le devons.

Après les discours du f∴ Delcros et du f∴ Pams, un f∴ de la colonne d'harmonie chante les cantates suivantes dont les paroles sont dues au f∴ Mercadier, et la musique au f∴ Coll :

COURONNEMENT DE LA STATUE
DE VOLTAIRE

Paroles du F∴ MERCADIER, orat∴

Musique du F∴ J. COLL.

Sur des flots d'harmonie
Et des gerbes de fleurs,
Apportons au génie
Le tribut de nos cœurs !

A qui sapa les trônes
Et d'antiques erreurs,
Nous devons des couronnes,
Et non aux empereurs !

Couronnons donc Voltaire,
Lui, qui fit aux tyrans
Une savante guerre
Et vainquit les plus grands !

L'éternelle justice,
En enflammant son cœur
D'un inique supplice,
Lui fit flétrir l'horreur !

Sa voix, douce et puissante,
Vanta la Vérité,
La Vertu rayonnante,
La sainte Liberté !

Les âmes taciturnes
Maudissent ses conseils :
Mais les oiseaux nocturnes
Maudissent les soleils !...

GLOIRE A VOLTAIRE!

CANTATE.

Dans leur glorieuse carrière,
Les amis de l'humanité
Versent des torrénts de lumière,
Effluves de fraternité.
Les rayons de leurs saintes flammes
Embrasent les cœurs et les âmes,
Et les hommes, meilleurs par eux,
Par eux aussi sont plus heureux.

Aimons avec idolatrie
Les bienfaiteurs des nations.
Leurs noms au ciel de la patrie
Forment ses constellations.
Au premier rang brille Voltaire.
Qu'il soit notre étoile polaire,
Astre éternel qui toujours luit,
Suppléant le soleil, la nuit.

Les siècles passent. Son image
Éclaire toujours la raison.
A son approche tout nuage
Laisse limpide l'horizon.
La gloire, éclatante auréôle,
Scintille au front de notre idole.
De son cœur jaillit la bonté,
De son esprit, la vérité.

Quand le f.·. Dudevès a terminé son discours, la colonne d'harmonie exécute une brillante symphonie et le vén.·. invite tous les membres de l'atelier à aller déposer aux pieds de l'image de Voltaire, des couronnes, symboles de l'éternelle reconnaissance qui est due à ce grand homme pour les services qu'il a rendus à l'humanité.

Auprès de l'image de Voltaire, le vén.·. dit: « Honneur à l'homme de génie! Honneur à toi Voltaire qui, en étendant les limites de l'esprit humain, as préparé la liberté dont nous jouissons ».

Le 1er surv.·. dit: « Honneur à l'ami de la vérité! Honneur à toi Voltaire, qui en faisant la guerre à la superstition, contribuas à nous émanciper».

Le 2e surv.·. dit: « Honneur au défenseur des opprimés? Honneur à toi Voltaire qui, en défendant les victimes du despotisme, as contribué à l'établissement de la justice ».

Quand tous les ff.·. ont repris leur place, le vén.·. dit: « Résumons par une triple et chaleureuse batterie l'hommage que nous venons de rendre à l'homme de génie, à l'ami de la vérité, au défenseur des opprimés qui, par ses travaux et ses luttes, a contribué si puissamment à la réalisation de notre devise: LIBERTÉ, ÉGALITÉ, FRATERNITÉ. »

Les membres de l'At.·. ayant siégé après avoir tiré cette triple batterie, le vén.·. donne la parole au f.·. Mercadier, orateur, qui s'exprime ainsi :

DISCOURS DU F∴ MERCADIER.

Il faudrait avoir le secret des grandes pensées et l'art de les exprimer merveilleusement, pour entreprendre l'éloge d'un des plus grands hommes que la France ait produits.

Comme un lapidaire ingénieux, ciselant et assemblant de riches pierreries, il faudrait, par le choix et l'agencement des mots les plus étincelants et les plus pompeux, édifier de savantes périodes, qu'une voix éloquente porterait harmonieusement dans les cœurs. Oui, il faudrait tout cela pour parler dignement de Voltaire.

La tâche est trop ardue pour moi. En vain mon imagination se tourmente : la difficulté de l'entreprise la paralyse et la glace.

Un grand génie est comme le soleil : une face nous éblouit, pendant que l'autre se dérobe à nos regards.

Pour envisager Voltaire dans son universalité, il faudrait être universel comme lui.

Mais vous avez ordonné et je dois obéir. Puisse ma bonne volonté vous faire oublier mon insuffisance !

Par quelle saisissante et pittoresque métaphore entrerai-je en matière ?

Dans le silence d'une belle nuit, avez-vous contemplé le mouvement majestueux des astres ?

Tandis que d'éclatantes constellations disparaissent à l'horizon, derrière les montagnes du couchant, et semblent s'abîmer dans l'infini, une étoile resplendissante se lève à l'Orient : c'est l'étoile du matin.

Tel apparut Voltaire, après l'occultation de la glorieuse pléiade des grands écrivains du XVIIe siècle.

Corneille, Molière, Racine, La Fontaine, s'étaient éclipsés tour à tour. Leurs derniers reflets se concentrèrent sur son berceau rayonnant.

Pendant plus de 80 ans, la lumière en a jailli, comme elle jaillira toujours de la tombe de ce grand homme.

Puisse-t-elle embraser nos esprits et nos cœurs ! Puisse-t-elle y porter l'amour de la vérité, de la vertu et de la liberté, qu'il considérait comme les plus grands biens de la vie !

En allégeant et simplifiant ma tâche, les orateurs qui m'ont précédé vous ont montré les côtés brillants de cet esprit extraordinaire. Ils vous ont parlé de sa vaste érudition et de sa prodigieuse fécondité. Ils vous ont dit que, dans l'art dramatique, il s'était montré l'émule du grand Corneille, avec plus de correction que lui ; qu'il avait élargi, étendu, reculé les bornes de l'Histoire, en y introduisant la philosophie ; qu'il avait disputé à l'illustre Euler le prix de l'Académie des Sciences et propagé, vulgarisé le système du monde et la philosophie de Newton et de Locke.

Il ne me reste donc qu'à vous parler des qualités de son cœur, qu'à mettre en évidence l'ami de l'humanité, le franc-maçon, le frère Voltaire.

La plupart de ses ouvrages, dit Condorcet, sont des monuments de cette sensibilité vraie et profonde que la nature avait mise en lui, que son génie répandit dans ses livres et qui fut le germe heureux de ce zèle ardent pour le bonheur des hommes, noble et dernière passion de sa vieillesse.

La bienfaisance, l'indulgence pour les faiblesses et la haine de l'injustice et de l'oppression, forment les principaux traits de son caractère et de son âme. On peut le compter parmi le très-petit nombre des hommes en qui l'amour de l'humanité a été une véritable passion.

Il fut constant dans l'amitié.

On lui a reproché ses nombreuses querelles ; mais il faut considérer que dans aucune il n'a été l'agresseur.

Né avec le talent de la plaisanterie, ses mots étaient souvent répétés, et c'en était assez pour qu'on donnât le nom de méchanceté à ce qui n'était que l'expression vraie de son jugement, rendue piquante par la tournure de son esprit.

Une anecdote vous en convaincra.

J.-B. Rousseau lui lisait un jour une ode, qu'il avait orgueil-leusement intitulée : *Ode à la Postérité*. « Elle n'arrivera pas à son adresse » lui dit Voltaire, après l'avoir entendue. Il avait cependant intérêt à ménager ce poète satirique, qu'il avait consulté dans ses débuts. Mais la franchise l'emporta. Voilà l'homme.

On l'accuse aussi d'avoir encensé les rois et les ministres ; mais c'était pour les attirer à la cause de la vérité. La plupart de ses écrits n'auraient pu voir le jour, s'il n'eut flatté les grands.

Quelle adresse ne fallait-il pas pour pouvoir dire, sous un roi absolu et une cour hypocrite, ce qu'il a eu le courage et la hardiesse de faire imprimer :

> Qui sert bien son pays n'a pas besoin d'aïeux :
> Le premier qui fut roi fut un soldat heureux.

Et ceci : « Il n'y a qu'un esclave qui puisse préférer la royauté à une république bien ordonnée. »

Le plus funeste préjugé est le fanatisme, et Voltaire voulut immoler ce monstre sur la scène, et employer, pour l'arracher des âmes, ces terribles effets que l'art dramatique peut seul produire.

Les accents patriotiques et les cris d'indignation éclatent dans ses pièces.

Dans la tragédie d'Œdipe se trouvent ces vers caractéristi-ques, qui lui firent tant d'ennemis :

> Les prêtres ne sont pas ce qu'un vain peuple pense :
> Notre crédulité fait toute leur science.

Dans la tragédie de Mahomet que, par politique, il dédia au pape, se trouvent aussi de grandes hardiesses, auxquelles la dédicace servit de passeport.

Malgré son habileté et l'appui de quelques personnalités marquantes, il fut toujours en butte à la haine des hypocrites et des esprits jaloux.

A l'âge de 22 ans, il fut enfermé à la Bastille, où il resta six mois, pour un écrit qu'on lui avait faussement imputé.

Froissé, irrité par cette incarcération, il exhala sa plainte avec amertume. Poursuivi de nouveau, il se réfugia en Angleterre, où il séjourna longtemps. Il apprit l'anglais et se mit en relations avec les hommes éminents de ce pays, dont il fit connaître les poètes, les philosophes et les savants.

Sa renommée grandissait. Pendant son séjour à Londres, il publia d'importants ouvrages, qui attirèrent sur l'auteur, l'attention de l'Europe.

Il revint en France, escorté par la gloire. Mais n'y trouvant pas la sécurité dont il avait besoin pour combattre les abus et les préjugés, il accepta un emploi à la cour du roi de Prusse, Frédéric-le-Grand, qui l'admirait.

Le rôle de courtisan ne pouvait convenir à un tel homme, à un esprit aussi indépendant. Il ne tarda pas à s'éloigner du roi philosophe, avec lequel il s'était brouillé, et se retira aux Délices, près de Genève, pour se fixer, bientôt après, à Ferney, sur la frontière française.

> A tous les cœurs bien nés que la patrie est chère !

Ferney ! Sinaï de la raison, c'est à ton hôte immortel que tu dois ta célébrité ! C'est de là que son esprit éclatant et profond rayonna sur le monde. C'est, sur ce point, naguère ignoré, que convergèrent tous les regards. Là qu'affluaient les humbles et les superbes, les penseurs et les opprimés, apportant au maître — j'allais dire au Dieu ! — les uns, leur tribut d'admiration et d'encouragement, les autres, leurs doléances et leurs supplications. C'est de là qu'il exerçait souverainement sur l'Europe le ministère providentiel de la raison. Toute injustice trouvait dans son cœur des échos retentissants qui remuaient le monde. C'est de Ferney que partirent les mémoires éloquents qui vengèrent les Calas, les Sirven, les Lally, les chevalier de la Barre et tant d'autres !

Jean Calas était un négociant de Toulouse. Il était protestant. Un de ses fils abjura sa religion et embrassa le culte romain. Il fut trouvé pendu dans sa maison. Sans preuves, et contre toute vraisemblance, le fanatisme imputa au père le meurtre du fils. Le Parlement de Toulouse le condamna au supplice de la roue, et le reste de la famille à l'exil. La sentence fut exécutée.

Voltaire vit la veuve, prit connaissance de l'affaire et attaqua vigoureusement le jugement dans un écrit qui fit une grande sensation. Il obtint la révision du procès et la réhabilitation de la mémoire de la victime.

Sirven était de la même contrée. Il était aussi protestant. Il avait une fille, qui lui fut enlevée, à l'aide d'une lettre de cachet obtenue par un prêtre, et enfermée dans un couvent, en vue de sa conversion.

Les mauvais traitements qu'elle y subit, de la part des religieuses, lui rendirent ce séjour insupportable. Elle parvint à s'évader. On la trouva morte dans un puits, où le désespoir sans doute l'avait conduite.

Au lieu de poursuivre les coupables, le prêtre et les religieuses, ce furent encore les parents qui furent mis en cause par le Parlement de Toulouse.

Le père et la mère, se souvenant du sort de Calas, prirent la fuite. Le père fut condamné par contumace au dernier supplice.

En cherchant un refuge à l'étranger, la mère mourut de froid et de faim au milieu des neiges. Sirven arriva seul auprès de Voltaire, qui fit réformer le jugement rendu contre lui.

Le Parlement était devenu plus circonspect depuis la mort de Calas : le capitoul David, l'instigateur de cet inique procès, sous le poids du remords et de la honte, en perdit la raison et la vie.

Lally était un brave général, qui avait puissamment contribué à la victoire de Fontenoy. Nommé gouverneur des possessions françaises, dans les Indes Orientales, il chassa les Anglais de la côte de Coromandel. Mais il échoua devant Madras, et fut bientôt assiégé dans Pondichéry par une armée de terre de 22,000 hommes et une flotte puissante. Après une longue et héroïque résistance, manquant de vivres et d'argent, avec une garnison que les maladies et les privations avaient réduite à

700 hommes, il fut contraint de capituler. Nous perdîmes cette riche colonie, qu'un envoi de quelques millions nous eut conservée. Mais Louis XV en avait besoin pour ses maîtresses!

Accusé par des ennemis puissants, à la tête desquels se trouvaient les Jésuites, l'infortuné général fut condamné à mort par la Grand'Chambre de Paris, sans avoir pu se défendre. La sentence fut exécutée.

Voltaire se fit encore ici le grand justicier. Il défendit Lally et le réhabilita dans l'opinion publique, en attendant que sa mémoire le fut juridiquement.

Le Chevalier de la Barre était un tout jeune homme, presque un enfant : il n'avait que dix-sept ans.

Un crucifix de bois, placé sur le pont d'Abbeville, fut insulté pendant la nuit. La haine d'un fanatique dirigea les soupçons du peuple sur le chevalier et son camarade d'Étallonde. Celui-ci put heureusement s'échapper et se réfugia à l'étranger. Son ami, poursuivi à la requête de l'évêque d'Amiens, fut condamné à avoir la tête tranchée. Par un raffinement de cruauté, on lui perça d'abord la langue et on lui fit subir les tourments de la question.

Voltaire signala l'atrocité de ce supplice, et s'il ne put obtenir la réhabilitation de la mémoire du jeune chevalier, qui, d'après l'acte même d'accusation, n'était que véhémentement soupçonné de l'insulte qu'on lui imputait, il put du moins recommander d'Étallonde au roi de Prusse, qui l'admit dans son armée (1).

Les bienfaits de ce grand homme sont trop nombreux pour que je puisse tous les citer ici. Il en est un pourtant que je ne dois pas passer sous silence. Il apprit qu'une nièce de Corneille était dans le besoin. Il l'appela près de lui, la dota et la maria avantageusement. Admirez sa délicatesse autant que sa générosité : il fit paraître une nouvelle édition des œuvres de Corneille et l'annota. L'argent donné fut censé provenir de cette édition.

---

(1) Le chevalier de La Barre fut réhabilité par la Convention en 1793.

Ce n'est pas seulement par le bien qu'il a fait qu'il a droit à notre reconnaissance : nous lui en devons aussi pour le mal qu'il a empêché, par la crainte qu'il inspirait aux fanatiques et aux hommes d'iniquité.

Il avait formé dans l'Europe entière une ligue dont il était l'âme et qui avait pour cri de ralliement : Raison et Tolérance.

A l'âge de 84 ans, il revint à Paris, où il fit jouer sa dernière tragédie, *Irène,* qu'il venait de composer à cet âge avancé. Il assista à la troisième représentation. Tous les regards et tous les cœurs se portaient vers lui. On couronna son buste. On acclama le poète, le philosophe, l'ami de l'humanité. Quand il sortit du théâtre, la foule courut au-devant de lui. En descendant l'escalier, chacun voulait lui servir d'appui. On se découvrait, on s'inclinait à son approche, heureux qui pouvait le toucher ! Et lui, ému et les yeux pleins de larmes, disait en sanglotant : «vous voulez me faire mourir de plaisir !» On l'escorta jusqu'à son domicile, qui devint un but de pèlerinage.

A l'Académie, il fut accueilli, non comme un confrère, mais comme un maître.

Pendant son dernier séjour à la capitale, un autre philosophe, le libérateur des États-Unis, l'inventeur du paratonnerre, l'immortel Franklin, vint le visiter et lui présenta son petit-fils pour le bénir. Voltaire, étendant les mains sur l'enfant, le salua par ces mots mémorables : Dieu et Liberté !

Ces deux grands hommes se revirent à une séance publique de l'Académie des sciences. On les avait placés l'un à côté de l'autre. La foule contemplait avec attendrissement ces deux flambeaux près de s'éteindre. Ils s'embrassèrent aux acclamations de l'assemblée. Ce fut un émouvant spectacle : on eût dit Solon embrassant Sophocle.

J'ai esquissé à grands traits cette longue et glorieuse vie, et j'ai réservé pour la fin l'acte qui nous intéresse particulièrement.

Pendant son dernier séjour à Paris, voulant rendre hommage

à notre sage et philanthropique institution, il se fit initier à la Maçonnerie.

Qui, plus que lui pouvait l'honorer ? Qui, mieux que lui pouvait, par son adhésion, en démontrer la grandeur et l'excellence ?

Soyons fiers d'appartenir à la grande famille qui compte le grand Voltaire au nombre de ses enfants. Inspirons-nous des généreux sentiments et des sublimes pensées de ce philosophe, et répétons, en terminant, ce vers d'une naïveté touchante, où se reflètent son cœur et son âme :

« J'ai fait un peu de bien, c'est mon meilleur ouvrage ».

*
* *

Le Vén.·. complimente chaleureusement le f.·. orateur. Il adresse aussi, au nom de la Loge, les plus vifs remerciements aux ff.·. Delcros, Pams, Dudevès et aux ff.·. de la colonne d'harmonie, qui ont relevé l'éclat de cette fête par le concours de leur talent.

Le tronc de bienfaisance circule et produit la somme de 22 fr. 10 cent.

Le f.·. Rolland Édouard demande que, pour perpétuer le souvenir de cette mémorable séance, le compte-rendu *in-extenso* en soit imprimé et distribué à tous les membres de la Loge. Cette proposition est favorablement accueillie et adoptée à l'unanimité.

Le vén.·. ferme ensuite les travaux et tous les ff.·. se retirent en bon ordre, heureux d'avoir, par cette glorification d'un des hommes qui honorent le plus la France, rendu un nouvel et éclatant hommage aux principes qui leur sont chers.

PERPIGNAN

Typographie de l'*Indépendant*, rue des Fabriques Naabot, 3.

www.ingramcontent.com/pod-product-compliance
Ingram Content Group UK Ltd.
Pitfield, Milton Keynes, MK11 3LW, UK
UKHW021647090726
13657UKWH00004B/1812